DIESES BACK-MAL-BUCH GEHÖRT:

HIER IST NOCH PLATZ FÜR DEINE FOTOS:

Vorwort

Ausmalen und Kritzeln erwünscht…

Das ist nicht nur ein Back- und Rezeptebuch für kleine und große Köchinnen und Köche, sondern auch ein Malbuch!

Backen oder doch lieber malen? Hier ist beides möglich!

Stifte und Kochlöffel raus und los geht's!

Inhaltsverzeichnis

BÄRENFUTTER

Zutaten:

2 Becher Naturjoghurt (auch Ziegen- oder Sojajoghurt)
Beeren (je nach Geschmack)
Etwas Honig zum Süßen
Gehackte Mandeln
Vollkornkekse oder Crunchy Müsli mit Haferflocken

Und so geht's:

Joghurt und Honig in eine Schüssel geben und kräftig rühren.
Beeren waschen und klein schneiden. Danach drei bis vier kleine
Glasschüsseln oder Gläser vorbereiten und eine Schicht zerkleinerte
Vollkornkekse oder Müsli einfüllen. Darauf eine Schicht Joghurt,
eine Schicht Beeren und wieder Joghurt. Dazwischen und auch ganz
am Schluss wieder eine Schicht Vollkornkekse oder Müsli!

Und fertig!

OBSTZWERGE

Zutaten für die Creme & den Belag:
1 Packung Vanillepudding (lt. Packung zubereiten)
Klares Tortengelee
Etwas Marmelade
Obst (zum Beispiel Erdbeeren)

Zutaten für den Kuchenboden:
4 Eier
4 Esslöffel Kristallzucker
4 Esslöffel Mehl

Eier und Zucker schaumig rühren, danach das Mehl dazu geben und weiter rühren. Auf ein kleines, mit Backpapier ausgelegtes Backblech streichen und bei 160 Grad goldgelb fertig backen.

Und so geht's:

Den Pudding einfach nach Packungsrezept zubereiten. Bitte etwas weniger Milch verwenden, dann wird der Pudding etwas fester. Den fertigen Kuchenboden abkühlen lassen. Danach mit einem Glas runde Teilchen ausstechen. Diese mit etwas Marmelade bestreichen und den erkalteten Pudding darauf streichen. Das ganze mit Obst belegen. Am Schluss das Tortengelee (auch nach Packungsrezept zubereiten) darüber gießen und im Kühlschrank fest werden lassen.

HOPSIS LIEBLINGE

Zutaten für Muffin-Teig (Grundrezept):
80 g Butter
½ Pkg. Backpulver
200 g Mehl
140 ml Milch oder Reismilch (oder Mandelmilch)
1 Pkg. Vanillezucker
160 g Zucker

Außerdem:
Staubzucker und Zitronensaft für den Zuckerguss
Marzipan-Karotten (fertig oder selbst gemacht aus Marzipan und
Lebensmittelfarbe (rot, gelb, grün)

Und so geht's:
Eier, Zucker und Vanillezucker schaumig rühren. Danach Butter
dazu geben und weiterrühren. Am Schluss Mehl mit Backpulver
vermischt und Milch hinzufügen und kräftig weitermixen. Den Teig
in Muffinförmchen füllen und bei ca. 180 Grad im vorgeheizten
Backrohr backen. Mit einem Zahnstocher oder Stricknadel testen,
ob die Muffins fertig sind. Wenn Teig an der Nadel kleben bleibt
noch etwas länger weiterbacken. Muffins danach auskühlen lassen,
danach den Zuckerguss aus Zitronensaft und Staubzucker
vorbereiten und die Muffins mit den Marzipan-Karotten verzieren.

BECHERKUCHEN AMEISENSTRASSE

Zutaten:
2 Becher Mehl (auch Dinkelmehl)
½ Becher Öl
2 Becher Wasser
1 Becher Zucker
1 Becher geriebene Nüsse
½ Becher grob geraspelte Schokolade
1 Pkg. Backpulver
2 Esslöffel Zitronensaft

Und so geht's:

Den Backofen auf 160 Grad vorheizen. Bei Heißluft eine Spur
kühler. Alle Zutaten gut zusammen vermixen. Der Teig sollte
zähflüssig sein. Sollte er anfangs zu flüssig werden, einfach noch
Mehl dazu geben.
Danach den Teig in eine ausgefettete und bemehlte Kuchenform
(z.B. Kastenform) füllen. Den Kuchen dann gut 50 Minuten
backen. Bitte mit einer Stricknadel testen, ob der Kuchen fertig ist.
Bleibt noch Teig haften, dann noch länger weiter backen. Den
ausgekühlten Kuchen dann mit Staubzucker bestreuen.

APFELSTRUDEL

Zutaten:
1 Pkg. fertigen Strudelteig
3-4 mittelgroße Äpfel
Staubzucker
Geriebene Mandeln
2 Esslöffel Semmelbrösel
Evtl. Rosinen – je nach Geschmack und Belieben
Zimt
Vanillezucker
Etwas Zitronensaft

Und so geht's:

Backofen auf 190 Grad (Heißluft) vorheizen. Strudelteig aus der
Packung nehmen und auflegen. Ein paar Minuten bei
Zimmertemperatur liegen lassen.
Äpfel schälen, entkernen und klein schneiden. Mit etwas
Zitronensaft beträufeln und durchmischen. Semmelbrösel und
geriebene Mandeln in einer Pfanne mit Butter
 kurz anrösten. Staubzucker, Zimt
und Vanillezucker zu den Äpfeln
mischen und gut durchrühren.
 Danach zuerst die Semmelbrösel-
Mischung auf den Strudelteig verteilen,
darüber die Äpfel schichten.
Die Seiten des Teiges einschlagen und
alles locker zu einem Strudel rollen.
Auf ein Backblech legen und im
vorgeheizten Backrohr backen.
Den ausgekühlten Strudel mit
Staubzucker bestreuen.

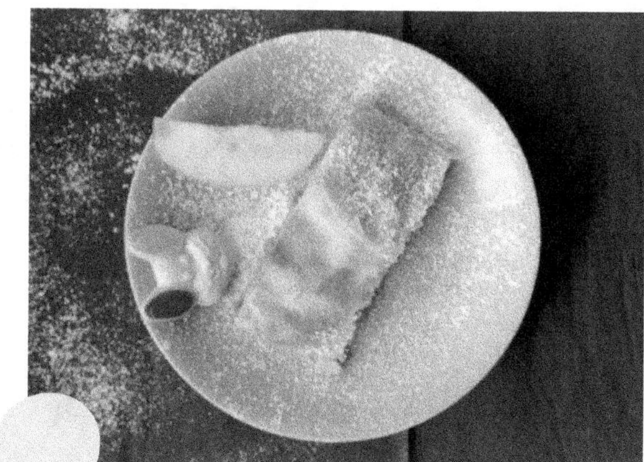

CHARLYS BANANEN-PANCAKES

Zutaten:
Ca. 2 Tassen Dinkelmehl
Ca. 250 ml Milch (oder Mandel- oder Reismilch)
2 Eier
1 Prise Salz
2 reife Bananen
Öl für die Pfanne
Etwas Ahornsirup (nach Belieben)

Und so geht's:

Eier und Milch mit dem Schneebesen verrühren. Mehl unterheben und kräftig weiterrühren. Bananen mit der Gabel auf einem Teller zerdrücken und in den Teig mischen. Eine Prise Salz dazu. Der Teig sollte etwas fester sein, als normaler Palatschinkenteig.

Pfanne erhitzen und kleine Pfannkuchen (Pancakes) backen. Den Teig etwa einen Zentimeter dick backen. Danach mit Staubzucker bestreuen oder – je nach Geschmack – mit Ahornsirup übergießen.

SCHOKOKUGERL

Zutaten:
100 g Kokosraspeln
20 g Kakaopulver
20 g Staubzucker
Etwas Zimt
5 Esslöffel Obers
3 Esslöffel Kokosfett
1 Pkg. Vanillezucker
Schokostreusel oder Kokosraspeln zum Wälzen

Und so geht's:

Alle Zutaten zusammen mixen und gut verrühren (bis auf die
Schokostreusel und Kokosraspeln zum Bestreuen). Die ganze Masse
für etwa 20 Minuten in den Kühlschrank stellen.

Danach kleine Kügelchen formen und in den Schokostreuseln oder
Kokosraspeln wälzen. Man kann die Schokokugerl danach in kleine
Förmchen geben und so aufbewahren.

DINKELHERZERL

Zutaten:
225 g Dinkelmehl
75 g Maisstärke
100 g Staubzucker
1 Pkg. Vanillezucker
1 Messerspitze Backpulver
1 Ei
200 g kalte Butter

Und so geht's:

Die trockenen Zutaten auf einer freien Fläche (zum Beispiel Tisch) verteilen, in der Mitte eine Grube formen, das Ei hineingeben. Die Butter in kleine Würfel schneiden und ebenfalls auf den Haufen schichten. Danach von außen nach innen alles mit den Händen vermengen und kneten, bis eine feste Masse entsteht. Wenn alles gut vermengt ist, eine Kugel formen und diese dann in Frischhaltefolie bedeckt in den Kühlschrank stellen und etwa eine Stunde lang rasten lassen. Danach den Teig etwa 3 mm dick ausrollen und Kekse ausstechen. Das Backrohr auf 180 Grad (Heißluft) vorheizen. Kekse auf ein Backblech (mit Backpapier belegt) verteilen und ungefähr 10 Minute backen. Die ausgekühlten Kekse dann mit Schokolade verzieren – je nach Belieben.

SCHOKOBANANEN-SCHMAUS

Zutaten:
Feste Bananen
Kochschokolade
Schokostreusel zum Verzieren
Holzspieße

Und so geht's:

Bananen in etwa 3 cm dicke Scheiben schneiden. Kochschokolade in
einem Wasserbad schmelzen lassen.
Bananenstücke auf einen längeren Holzspieß aufspießen und in die
geschmolzene Schokolade tunken. Danach in Schokostreusel
wälzen, auf Teller mit Backpapier legen und im Kühlschrank fest
werden lassen.

Fertig ist der Bananenschmaus!

OMIS VANILLE-KIPFERL „MMMMH"

Zutaten:
210 g Butter
300 g Mehl
1 ganzes Ei
70 g Staubzucker
100 g geriebene Walnüsse
Staubzucker und Vanillezucker zum Wälzen

Und so geht's:

Alle Zutaten auf einmal auf einer freien Arbeitsfläche zu einem glatten Teig kneten. Den fertigen Teig zu einer großen Kugel formen und diese auf einem Teller – mit Klarsichtfolie bedeckt – für etwa ein bis zwei Stunden im Kühlschrank rasten lassen.

Danach den Teig in gleich große Stückchen schneiden und daraus kleine Kipferl formen. Diese bei etwa 170 Grad im Backofen backen, bis sie leicht gebräunt sind. Die noch warmen Kipferl in der Zucker-Vanillezucker-Mischung wälzen. Fertig!

APFEL-CRANBERRY-MUFFINS

Zutaten:
70 g Butter
3 Eier
200 g Mehl
½ Pkg. Backpulver
140 ml Milch (oder Mandel-, Soja-, Reismilch)
1 Pkg. Vanillezucker
160 g Zucker
1 Apfel (geraspelt)
Etwas Zitronensaft
Etwas Zimt
50 g getrocknete Cranberries

Und so geht's:

Eier, Zucker und Vanillezucker schaumig rühren. Weiche Butter dazufügen und weiter mixen. Danach das Mehl – vermengt mit dem Backpulver – in den Teig mixen. Gut durchmixen. Am Ende noch die Milch hinzufügen und nochmal kräftig mixen. Danach den geraspelten und mit Zitrone beträufelten Apfel, Zimt und die Cranberries unterrühren.

Den Teig in Muffinförmchen füllen und im Backofen bei 175 Grad fertigbacken, bis die Muffins goldbraun sind.

NOTIZEN UND EIGENE REZEPTE:

NOTIZEN UND EIGENE REZEPTE:

VIEL SPASS BEIM BACKEN UND MALEN!

TWENTYSIX – Der Self-Publishing Verlag
Eine Kooperation zwischen der Verlagsgruppe Random House und BoD –
Books on Demand

© Anzböck-Kitzinger, Daniela

Herstellung und Verlag:
BoD – Books on Demand, Norderstedt.

ISBN: 9783740713942